Armin Täubner

Tonkarton durchs Jahr

Ideen für Frühling, Sommer, Herbst und Winter

frechverlag

VITA

Armin Täubner wurde
◆ 1956 in Reutlingen geboren.
◆ Vor seiner Autorentätigkeit war er Grund- und Hauptschullehrer in Englisch, Biologie und Kunst. Zusätzlich hat er ein Aufbaustudium in Sonderpädagogik abgeschlossen.
◆ Künstlerisches Arbeiten - mit Schwerpunkt Grafik - gehörte schon immer zu seinen Hobbys.
◆ Armin Täubner ist mit Inge Walz verheiratet; seine Frau hat im frechverlag zahlreiche Bücher zu den Themen Makramee und Floristik veröffentlicht. In die erfolgreichen Fußstapfen der Eltern ist auch Tochter Julia getreten, die mittlerweile einer großen Fan-Gemeinde für kinderleichte Fensterbilder-Bücher bekannt ist.
◆ 1988 erschien im frechverlag das erste Buch von Armin Täubner: „Krippen bauen".

Mittlerweile wurden von ihm rund 130 Titel im frechverlag veröffentlicht.
◆ Armin Täubner hat zahlreiche Vorführungen bei Messen und Aktionstagen in ganz Deutschland gestaltet.
◆ Fernsehsendungen im ZDF stellten den bekannten Autor und seine Arbeiten zur Weihnachts- und Ostersaison vor.

◆ Die Bücher, die Armin Täubner in seiner Laufbahn als Autor am wichtigsten waren:
„Kinderleichte Fensterbilder",
„Das große Weihnachtsbuch",
„Das große Osterbuch",
„Gänse und Enten",
„Echt bärig",
„Alle meine Gänschen",
„Das Alphabet der Tiere".

Alle Titel sind im frechverlag erschienen.

Fotos: frechverlag GmbH + Co. Druck KG, 70499 Stuttgart; Fotostudio Ullrich & Co., Renningen
Birgitt Gutermuth (S. 2, 7 und 24)

Auflage: 5. 4. 3. 2. 1. Letzte Zahlen
Jahr: 1999 98 97 96 95 maßgebend

frechverlag GmbH + Co. Druck KG, 70499 Stuttgart

ISBN 3-7724-1901-1 · Best.-Nr. 1901

Druck: frechverlag GmbH + Co. Druck KG, 70499 Stuttgart

Angefangen hat das Ganze ja eigentlich recht harmlos: Im Jahr 1978 begleitete ich meine damalige Freundin Inge Walz zu einem Fototermin in den frechverlag nach Stuttgart. Sie veröffentlichte dort sehr erfolgreich Bücher zu den Themen Makramee und Floristik, während ich in meine Ausbildung als Grund- und Hauptschullehrer vertieft war.

In den Jahren danach unterstützte ich sie zwar immer wieder bei ihrer Arbeit, aber großgeschrieben war bei mir zu dieser Zeit mein Schuldienst, so daß es dann doch bis zum Ende der achtziger Jahre dauerte, bis ich selbst zu Naturmaterialien, Papier und Schere griff: Das Bastelfieber hatte mich gepackt! Zu Weihnachtskrippen gesellten sich schnell Fensterbilder aus Tonkarton, Briefpapier, Anhänger, Verpackungen, Tischdekorationen und vieles mehr - Papier war und ist für mich das ideale Material, das Kreativität und Phantasie anregt.

Und so sammelten sich in den folgenden Jahren Bären, Gänse, Enten, Dinosaurier, Katzen, Mäuse, Schwäne und zahlreiche andere Tiere als Fensterbilder in unserer Wohnung und auf den Bestell-Listen des frechverlags. Daß viele dieser fröhlichen Gesellen sich dann auch auf den Bestseller-Listen wiedergefunden haben, zeigte mir, daß diese „Plädoyers für eine tierisch heile Welt“ bei den Kunden des Verlags angekommen waren!

Überhaupt: Die Kunden - mir liegt es stets am Herzen, daß meine Bücher ihnen Erfolgserlebnisse, Freude und Mut zum Weiterarbeiten vermitteln! Dabei sind nicht nur Kinder und Anfänger im Umgang mit Papier und Schere angesprochen, auch die Freunde von filigraneren Tonkarton-Arbeiten sollen zum Zuge kommen. Egal zu welcher Schwierigkeitsstufe die Motive eines Buches gehören - wichtig sind immer klare Vorlagenzeichnungen und ein gut verständlicher Anleitungstext.

Und deshalb werde ich wohl auch noch die nächsten Jahre mit Papier und Schere verbringen, die Ideen werden gewiß nicht ausgehen. Gemeinsam mit dem frechverlag stehen noch viele Projekte an, die mir ganz sicher unzählige durchgearbeitete Nächte, vollgemalte Skizzenbücher, einen gigantischen Verbrauch an Tonkarton, stumpfe Bastelmesser - und viel, viel Spaß bescheren werden!

Ihr Armin Täubner

Er ist's

Frühling läßt sein blaues Band
wieder flattern durch die Lüfte;
süße, wohlbekannte Düfte
streifen ahnungsvoll das Land.
Veilchen träumen schon,
wollen balde kommen.
- Horch, von fern ein leiser Harfenton!
Frühling, ja du bist's!
Dich hab' ich vernommen!

Eduard Mörike

Und so wird's gemacht:

1

Pausen Sie sämtliche Teile des Motivs nebeneinander und ohne Überschneidungen mit Bleistift auf Butterbrotpapier ab. Anschließend kleben Sie das Butterbrotpapier auf dünnen Karton.

2

Die Teile werden mit Schere und/oder Cutter exakt ausgeschnitten.

3

Legen Sie diese Schablonen auf Tonkarton in der entsprechenden Farbe, und zeichnen Sie dann die Konturen mit Bleistift nach. Schneiden Sie nun die Teile in der benötigten Anzahl aus.

4

Anschließend kleben Sie die Teile zusammen – das Foto und die Vorlage geben jeweils Positionierungshilfen. Mit einem Tuschefüller, mit Filzstiften und mit Pluster-Pens bemalen Sie dann noch Ihr Fensterbild.

Nach dem Auftragen fönen Sie die Plusterfarbe schräg von der Seite. Durch die Hitzeeinwirkung quillt die Farbe auf.

Wenn Sie die Farbe vor dem Fönen länger trocknen lassen, ist der Plustereffekt etwas dezenter.

In diesem Buch wird stets beschrieben, wie die Vorderseite eines Fensterbildes gearbeitet wird. Bei frei hängenden Motiven sollten Sie beide Seiten gestalten. Dazu werden die meisten Teile doppelt ausgeschnitten und in derselben Reihenfolge wie auf der Vorderseite, jedoch spiegelverkehrt, angeklebt.

Wenn Sie auf Seite 24 vorblättern, finden Sie eine genaue Anleitung, wie solch filigrane Rahmen am besten gearbeitet werden.
An dem fröhlichen Kopf des Clowns fixieren Sie von vorne zuerst die Halskrause, dann den Mund, die Nase und die Augen. Die Augen können Sie übrigens mit der Lochzange ausstanzen.
An der blauen Hose werden von hinten das gelbe Hemd und die riesengroßen Schuhe angebracht. Es folgen von vorne der Hosenträger samt Knopf, die Ärmelkrausen und die Hände. Auf die rechte Hand kleben Sie den Spazierstock und das separate Fingerteil, während die linke Hand einen Ball hält. Jetzt kann der Kopf und daran von hinten der rote Haarschopf befestigt werden.

Abschließend die noch fehlenden Schuhpompons und das pfiffige Hütchen ergänzen. Den fertigen Clown kleben Sie auf den gelben Rahmen, damit er an Ihrem Fenster eine heitere Atmosphäre verbreiten kann!

Karte:
Die Einladungskarte besteht aus einem weißen Kartonrechteck (22 cm x 16,5 cm), das in der Mitte angeritzt und gefaltet wird (11 cm x 16,5 cm). Kleben Sie den Clownkopf mittig auf eine gelbe Kartonscheibe (Ø 7 cm). Die blauen Punkte haben einen Durchmesser von 1,2 cm.

Tischkarte:
Falten Sie ein Kartonrechteck (14,5 cm x 12 cm) zu einer Tischkarte (14,5 cm x 6 cm). Auf einen gelben Kartonstreifen (13,5 cm x 2 cm) wird der Name geschrieben, und dann wird der separat gearbeitete Clownkopf aufgeklebt.

Ob als Fensterbild, als Tischkarte, Gruß- oder Einladungskarte, ob für die närrischen Tage oder für ein lustiges Kinderfest – ein Tonkarton-Clown sorgt für farbenfrohe Fröhlichkeit!

Otto

Beginnen Sie mit dem Zusammenkleben des sechsteiligen Tulpenstraußes.
Dann erhält der Bär seinen Kopf, die Schnauze und sein aufgemaltes Gesicht.
Der Tulpenstrauß wird an der rechten Tatze fixiert; anschließend kleben Sie das separate Tatzenteil auf.
Das linke Vorderbein ist mit Pluster-Pen nur aufgemalt; Sie können die Kontur vorher mit Bleistift andeuten.
Bringen Sie dann den zweiteiligen Tulpenstengel und die Blüte an.
Pluster-Pen macht sich hier übrigens auch als Kontur für den ganzen Bären gut!

Grußkarte

Aus einem roten Kartonrechteck (26 cm x 18,5 cm) falten Sie eine Doppelkarte (13 cm x 18,5 cm).
Mit einem Zirkel wird auf die Vorderseite der Karte ein Kreis mit einem Durchmesser von 8 cm gezeichnet, der mit dem Cutter herausgeschnitten wird.
Zwei weiße Kartonstreifen (2 cm breit, 12 cm lang) zieren zusätzlich die Vorderseite.
Von Ihrem Tulpengruß-Bären wird hier nur der Oberkörper (bis zur Strich-Punkt-Linie) benötigt. Setzen Sie den Bären von hinten in die runde Öffnung; von vorne werden der Strauß und die separate Tatze ergänzt.

Bei der kleinen Grußkarte stehen nur die Tulpen im Mittelpunkt, die ein gefaltetes Kartonrechteck (17 cm x 12,5 cm) verzieren!

Die Vorlage des Rahmens wird fotokopiert. Fixieren Sie diese Kopie mit dem Klammerhefter mehrmals auf einem weißen Karton – die Klammern dürfen aber nicht im Motiv sitzen (vgl. S. 24)! Mit dem Cutter werden aus Kopie und Karton zuerst die kleinen Innenflächen und dann das große Mittelteil herausgeschnitten.

Zum Schluß wird der äußere Rand nachgearbeitet.
Vom Narzissengrün, von den Blüten und den Schmetterlingen werden Schablonen hergestellt, die ganz nach Bedarf mehrmals aus Tonkarton nachgearbeitet werden.

Mit einem roten Filzstift bzw. einem schwarzen Tuschefüller werden die Ränder der Blütenmitten nachgezogen bzw. die Schmetterlingskörper aufgemalt.

Denken Sie daran, daß am Fenster helle Farben besonders freundlich wirken und das Motiv dann auch von außen gut zu sehen ist!

Zuerst wird der Rahmen ausgeschnitten (vgl. Seite 24). Von den anderen Teilen fertigen Sie Schablonen an und arbeiten sie aus Tonkarton der entsprechenden Farbe.
An der Schubkarre werden das zweiteilige Rad sowie Gras und Eier befestigt.
Der fleißige Hase erhält von vorne sein Schwänzchen, das linke zweiteilige Ohr und von hinten – etwas versetzt – das rechte Ohr.
Dann werden das Gesicht und die Linie, die die Hinterbeine trennt, aufgemalt.
Bevor Sie den Arm auf den Hasenkörper kleben, schieben Sie den Schubkarrengriff darunter. Und damit die Ostervorbereitungen zügig vorangehen, wird der Rasen noch rasch mit Tulpenblüten dekoriert und dann samt Hasen und Schubkarren auf den Rahmen geklebt.

Wie wär's, wenn der Hase etwas anderes aufgeladen hat? Zum Beispiel ein Geldstück – und fertig ist ein österliches Geldgeschenk!

Es ist Ostern

Dieses kinderleichte Fensterbild ist ganz einfach zu basteln: Zuerst wird der Rahmen ausgeschnitten, der mit den drei bunten Eiern verziert wird. Der kleine Osterhase bekommt von vorne sein Schwänzchen, das Innenohr und ein aufgemaltes Gesicht. Und schon ist Ostern!

Wenn Sie oder Ihr Kind im Umgang mit Schere und Papier noch etwas unsicher sind, dann bietet sich dieser kinderleichte Osterhase ideal als „Basteleinstieg" an!

Der Rahmen, in dem der fleißige Gärtner sitzt, besteht aus zwei konzentrischen Kreisen mit den Radien 7,5 cm und 10 cm.
Legen Sie Kopf- und Rumpfteil des Hasen aneinander; das aufgeklebte grüne Hemd hält beide Teile zusammen. Von hinten werden das Schwänzchen und der Fuß befestigt. Ist das weiße Innenohr am Kopf angebracht, können die Trennlinie zwischen den Ohren und das Gesicht aufgemalt werden. Der Schmetterling, der auf der Gießkanne sitzt, wird als ein Teil ausgeschnitten. Rumpf und Trennlinien zwischen den Flügeln sind aufgemalt – Sie können den Rumpf allerdings auch separat ausschneiden und aufkleben.
Erst wenn der Schmetterling auf der Gießkanne sitzt, werden seine Beine aufgemalt.
Die Gießkanne samt dem kleinen Besucher wird unter den Arm des Gärtners geklebt, auf dem dann der Ärmel ergänzt wird. Und dann gibt's auch noch Plustereffekte!

Manche Fensterbilder lassen sich ganz problemlos vereinfachen, wenn Sie etwas filigranere Teile nicht ausschneiden, sondern nur aufmalen, wie hier zum Beispiel den Körper des Schmetterlings.

Der schlüpfende Rabe ist auf Seite 17 bei beiden Eiern identisch – der rechte hat nur seinen Schnabel schon etwas weiter aus dem Ei herausgestreckt!
Sein schwarzer Rumpf wird an den beiden Flügeln ca. 2 cm eingeschnitten, damit der vorwitzige kleine Kerl später auf die Eierschale aufgesteckt werden kann. Nun wird jeweils der Schnabel aufgeklebt; eine schwarze Linie trennt die beiden Schnabelhälften. Kleben Sie jetzt die weißen Augen auf – die schwarzen Pupillen können entweder aufgemalt oder aufgeklebt werden.

Wegen der starken Lichtdurchlässigkeit des weißen Kartons sollte bei den Eiern unbedingt schwarzes Tonpapier hinterklebt werden.
Die Eierschalen werden zudem jeweils doppelt benötigt, weil sie beidseitig am schlüpfenden Raben befestigt werden.

Herzliche Rabengrüße
Der kleine Rabe, der so viel Herzlichkeit ausstrahlt, ist wie der rechte Rabe von Seite 17 gearbeitet.
Er bekommt zusätzlich nur noch seine Herzen, die Sie auch mit Abreibebuchstaben beschriften können.

Ob Valentinstag oder Muttertag – herzliche Grüße kommen immer an!

Fensterbild

Auf den roten Korb kleben Sie das Blattgrün der Gänseblümchen, wo nun die Blüten angeordnet werden.
Zeichnen Sie für die Blüten mit dem Zirkel oder einer Kreisschablone Kreise mit dem Radius 1 cm. Mit einer Zackenschere schneiden Sie an dieser Linie entlang – Anfang und Ende der gezackten Blütenränder müssen allerdings oft noch mit dem Cutter angeglichen bzw. korrigiert werden. Die Blütenmitten sind gelbe Punkte mit dem Radius 0,4 cm.
Nun kann der Tragegriff angebracht werden. Ein Ende wird von vorne, das andere von hinten am Korb befestigt. Stellen Sie nun den Korb auf das Rasenstück, auf dem auch noch einige Gänseblümchen wachsen. Gelbe Plusterfarbe läßt das Blüteninnere der Gänseblümchen plastisch hervortreten.

Anhänger

Der etwas kleinere Korb wird beidseitig mit dem Blattgrün der Gänseblümchen geschmückt, auf dem dann die Blüten angeklebt werden.

Ein kleiner Tip: Zwei exakt gleiche Teile erhalten Sie, wenn Sie nach dem Übertragen des Umrisses dieses Teil grob ausschneiden und ein zweites, etwa gleich großes Kartonstück mit dem Tacker anheften. Schneiden Sie nun die Form gleichzeitig aus beiden Tonkartonstücken aus – fertig sind zwei deckungsgleiche Teile!

Nachwuchs hat sich eingestellt!

Bei dem Häschen, das so andächtig an seinem Pfötchen lutscht, wird nur das rosafarbene Innenohr angeklebt.
Auge und Nasenloch malen Sie mit einem Tuschefüller auf.
Mit einem weißen Pluster-Pen ziehen Sie die Konturen nach. Die Linien, die Vorder- und Hinterbein sowie die Ohren abgrenzen, werden ebenfalls nachgefahren.

Beim anderen Häschen wird das Vorderbein separat ausgeschnitten und angeklebt.

Dieses Motiv macht sich auch auf einer Herzform gut. Oder Sie verschicken das Häschen als Gratulationskarte zu Geburt und Taufe!?

Auf das rote Mauerteil kleben Sie zuerst das Strohdach.
Anschließend werden die beiden Blumentröge mit den Kletterpflanzen an den Hausecken befestigt.
Nun fixieren Sie den Türrahmen samt aufgeklebter Tür und Türschwelle an der Hauswand. Zwischen der Tür, die mit dem Knauf und dem Türschild verziert wird, und den Kletterpflanzen wird noch das Fenster mit den vier blauen Fensterscheiben und den weißen Läden sowie dem Blumentrog angebracht.

Zusätzlich können Sie noch einen Blumentopf mit einer Agave unter das Fenster stellen.
Mit einem gelben Pluster-Pen wird die Struktur des Strohdaches angedeutet. Erst nach dem Fönen dürfen die beiden weißen Katzen über das Strohdach tollen.

In den Rasen und auf den Kletterpflanzen können Sie noch mit der Relieffarbe COLOR-POINT Pearl bunte Blüten tupfen. Dabei werden um einen gelben oder weißen Mittelpunkt fünf bis sechs Punkte einer anderen Farbe kreisförmig angeordnet.

Geh aus, mein Herz, und suche Freud
in dieser schönen Sommerszeit
an deines Gottes Gaben!
Schau an der schönen Gärten Zier,
und siehe, wie sie dir und mir
sich ausgeschmücket haben.

Die Bäume stehen voller Laub,
das Erdreich decket seinen Staub
mit einem grünen Kleide.
Narzissen und die Tulipan,
die ziehen sich viel schöner an
als Salomonis Seide.

Die Lerche schwingt sich in die Luft,
das Täubchen fliegt aus seiner Kluft
und macht sich in die Wälder;
die hochbegabte Nachtigall
ergötzt und füllt mit ihrem Schall
Berg, Hügel, Tal und Felder.

Die unverdross'ne Bienenschar
fliegt hin und her, sucht hie und da
ihr' edle Honigspeise.
Des süßen Weinstocks starker Saft
bringt täglich neue Stärk' und Kraft
in seinem schwachen Reise.

Ich selbsten kann und mag nicht ruhn;
des großen Gottes großes Tun
erweckt mir alle Sinnen;
ich singe mit, wenn alles singt,
und lasse, was dem Höchsten klingt,
aus meinem Herzen rinnen.

Paul Gerhardt

Und so wird's gemacht:

1

Zeichnen Sie filigrane Rahmen mit Zirkel, Lineal und Bleistift vom Vorlagenbogen auf Transparentpapier ab, oder fertigen Sie einfach eine Fotokopie an.
Das Transparentpapier bzw. die Kopie wird mit dem Klammerhefter mehrfach auf dem Tonkarton der gewünschten Farbe fixiert. Achten Sie darauf, daß sich die Klammern nur auf den Flächen befinden, die später heraus- bzw. weggeschnitten werden, also nicht im Motiv sitzen.

2

Mit dem Cutter schneiden Sie nun die Linien nach, und zwar gleichzeitig durch Kopie bzw. Transparentpapier und Karton.
Im Fachhandel gibt es spezielle Schneideunterlagen; zur Not genügt allerdings auch ein Stück dicke Pappe. Die Pappe muß jedoch öfters gewechselt werden, da bereits vorhandene Schnitte in der Unterlage die Klinge beim Schneiden evtl. ablenken können. Schneiden Sie immer zuerst die kleinen Flächen heraus. Es folgen dann meist ein bzw. zwei größere Mittelteile.
Die äußere Kontur wird erst ganz zum Schluß mit Cutter oder Schere nachgearbeitet.

3

Von Blüten, Schmetterlingen etc., die später auf den Rahmen geklebt werden, fertigen Sie Schablonen an. Die Umrisse der Schablonen übertragen Sie mit Bleistift auf Tonkarton der gewünschten Farbe, dann werden die Teile ausgeschnitten (siehe Seite 7).

4

Kleben Sie die ausgeschnittenen Teile der Vorlage entsprechend auf den Rahmen.

Zuerst erhält die Kirschen-Schlange einen Haarschopf, dann wird das Auge aufgeklebt, und die Pupille sowie der Umriß des Mauls werden mit Tuschefüller aufgemalt. Die Innenfläche des Mauls können Sie nun mit einem Filzstift rot anmalen.
Anschließend wird die gespaltene Zunge angebracht.
Der Haarschopf des kleinen Kirschendiebes wird flächig mit grüner Plusterfarbe bemalt und sofort gefönt.

Die mitsamt ihren Stielen angeklebten Kirschen haben neben der schmückenden auch eine stabilisierende Funktion für dieses sommerliche Fensterbild.

Den Schlangenrumpf können Sie übrigens noch mit der Relieffarbe COLORPOINT Pearl verzieren.
Alternativ bieten sich hier auch Pluster-Pen oder normale Filzstifte an.

Süsse Früchtchen

Maus

Am Mäusekörper werden zuerst beidseitig, aber etwas versetzt die Ohren und die Vorderbeine angebracht. Nun können Sie das Gesicht aufmalen. Auf die rote Frucht kleben Sie das grüne Kelchblätterteil.

Die sogenannten Nüßchen werden mit dem Tuschefüller aufgetragen. Malen Sie zuerst eine Nüßchenreihe von einer Beerenseite zur anderen; die nächsten Reihen werden jeweils versetzt, also auf Lücke gemalt. Nun können Sie die Maus zwischen die leckeren Früchte auf die Grünfläche setzen und zu einem grünen Pluster-Pen greifen.

Entchen

Kleben Sie Schnabel, Mütze und Füße auf den Entchenkörper.

Dann kann das Gesicht aufgemalt werden.

An den Kirschenstielen werden die roten Früchte befestigt, bevor sie über den Entchenrücken gelegt und hinter den Flügel geschoben werden, der dann ebenfalls aufgeklebt wird.

Oder dekorieren Sie den Tisch doch einmal mit fröhlich-bunten Tonkarton-Früchtchen – zusammen mit einer süßen Früchte-Bowle machen sie echte Sommerlaune…! Die Vorlage zu dem Melonenteil finden Sie übrigens beim Motiv Seite 34.

Der Rahmen und das Blattwerk der Glockenblumen werden in einem Stück aus weißem Tonkarton gearbeitet. Dann bringen Sie die drei Blüten an.

Auf Seite 24 finden Sie genaue Schritt-für-Schritt-Aufnahmen, wie der filigrane Rahmen dieses Motives gearbeitet wird.

Sind Rahmen, Blütenteile und Schmetterlinge ausgeschnitten (vgl. Seite 24), werden die Blüten auf dem Fensterbild zusammengeklebt: An der Verdickung des Blütenstengels wird zuerst das kleine, weiße Teil (punktierte Linie) befestigt.

Darauf kleben Sie die gelben Staubgefäße (gestrichelte Linien).

Es folgt das doppelte Blütenblatt (durchgezogene Linie); den Abschluß bilden die beiden einzelnen Blütenblätter.

Die Knospe am oberen Rahmenrand besteht aus zwei gleichen, aber leicht versetzt übereinander geklebten Blütenteilen.

Bei den Schmetterlingen wird der Rumpf jeweils mit einem Tuschefüller aufgemalt.

Dieses Fensterbild erfordert etwas mehr Geduld – der filigrane Rahmen und die zarten Blüten wollen mit viel Fingerspitzengefühl gearbeitet werden!

Endlich Ferien!

Hochsaison für Surfer

Setzen Sie dem Bären die Sonnenbrille und seine Baseballmütze auf. Das Gesicht wird aufgemalt. Nun kann der Bär eingekleidet werden: Zuerst die Hose, dann das Hemd und der zweiteilige Rucksack. Unter den Arm mit dem weißen Ärmelteil schieben Sie das dreiteilige Surfbrett und in die Tatze den Koffer.

Fahrt in den Urlaub

Auf der türkisfarbenen Karosserie wird das dunkelblaue Unterteil mit den zweiteiligen Rädern befestigt. Anschließend werden Scheinwerfer, Blinkleuchte, Seitenstreifen und Fenster angebracht. Die drei Wageninsassen kleben Sie von vorne auf die Fensterscheiben. Hinten am Auto wird ein dunkelblauer Gepäckträger (gestrichelte Linie) und darauf ein roter Koffer (punktierte Linie) angebracht. Den großen schwarzen Gepäckträger (durchgezogene Linie) fixieren Sie am Autodach. Beladen Sie den Gepäckträger in dieser Reihenfolge: Surfbrett, grüner Koffer, gelber Koffer, brauner Koffer. Mit schmalen Kartonstreifen werden die Gepäckstücke fixiert.

Vielleicht kann dieses hübsche Urlaubs-Fensterbild auf Ihrem Schreibtisch „die Vertretung übernehmen", bis Sie wieder da sind!

Ganz schön rasant!

Das Schlauchboot erhält von hinten einen weißen Außenbordmotor mit roten Zierstreifen, bevor es von hinten an den Wellen befestigt wird. Mit Tuschefüller kann das rundumlaufende Tau aufgemalt werden.
Am Hundekopf kleben Sie die Nase, die Sonnenbrille und schließlich das Ohr an.
Nun wird zur Sicherheit noch die Schwimmweste angezogen. Setzen Sie den Hund ins Boot, bevor Sie das Vorderbein anbringen.
Das Entchen wird als ein Teil ausgeschnitten. Grenzen Sie den Schnabel durch schwarze Linien ab, und malen Sie ihn mit Filzstift rot an. Der Schnabel kann natürlich auch separat ausgeschnitten und aufgeklebt werden.
Dann nimmt das Entchen im Bug des Bootes Platz.
Besonders lebendig wirkt dieses rasante Fensterbild, wenn Sie noch mit weißer Plusterfarbe den Schaum auf den Wellen andeuten, der bei dieser wilden Fahrt entsteht!

Schwein im Faß

Auf das Faß (gestrichelte Linie) kleben Sie die ovale Öffnung (punktierte Linie) und den schwarzen Faßring (Strich-Punkt-Linie).
Nun können durch schwarze Linien die Faßdauben und die Holzmaserung aufgemalt werden.
Jetzt sind der Mast, die Querhölzer, das mehrfach geflickte Segel und die Flagge an der Reihe. Nägel und Holzmaserung werden aufgemalt.
Für das Matrosenhemd und die Mütze benötigen Sie einen blauen Filzstift. Kleben Sie den Schweinekopf auf das Hemd. Jetzt wird die Mütze aufgesetzt. Nachdem die Rüsselscheibe angeklebt ist, kann das Gesicht aufgemalt werden.
Setzen Sie den Matrosen ins Faß, bevor es zu Wasser gelassen wird, und ergänzen Sie noch von vorne seine Pfoten.

Nilpferd mit Schwimmring

Legen Sie Ober- und Unterkörper aneinander, so daß der mit Filzstift bemalte Badeanzug aufgeklebt werden kann.
Auf dem Kopfteil (durchgezogene Linie) fixieren Sie zuerst das rote Maulteil (punktierte Linie) und dann das Schnauzenteil mit den großen Nüstern (gestrichelte Linie).
Die Taucherbrille mit den aufgemalten Augen wird ein wenig unter das Schnauzenteil geschoben.
Anschließend befestigen Sie den Schnorchel. Der fertige Kopf kann nun auf den Rumpf geklebt werden.
Auf dem roten Schwimmring werden zwei weiße Segmente fixiert, bevor er unter die Nilpferdarme geschoben wird. Jetzt fehlen nur noch die Schwimmflossen, dann steht der Erfrischung in kühlen Gewässern nichts mehr im Wege!

Schwein mit Taucherbrille

Setzen Sie dem Schwein zuerst die Taucherbrille auf.
Es folgen Ohr und Hut samt Hutband. Rüsselscheibe und Nasenlöcher werden aufgemalt.
Nun erhält das Schwein seine Hose, die rechte (punktierte Linie) und schließlich die linke Schwimmflosse.
Eine schwarze Linie trennt die Hinterbeine.
Auf den roten Schwimmring kleben Sie das weiße Mittelteil. Jetzt kann der Schwimmring angelegt und das Vorderbein befestigt werden, denn so ganz sicher ist das Schweinchen, das noch mit Pluster-Pen verziert wird, im Wasser noch nicht!

Auch wenn im Sommer das Freibad und die Eisdiele locken – ein fröhlich buntes Sommer-Fensterbild ist rasch gebastelt und bringt Sommerlaune in die Wohnung.

Melonen-Schlemmerei

Auf das Kopfteil (durchgezogene Linie) kleben Sie das rote Maulteil (punktierte Linie) und das Schnauzenteil (gestrichelte Linie). Nun wird das Gesicht aufgemalt.
Der Melonenschnitz besteht aus zwei aufeinandergeklebten Teilen mit aufgemalten Kernen.
Am dunkelblauen Rumpf (durchgezogene Linie) werden zuerst der Kopf, dann das Melonenteil sowie die separat gearbeiteten Hände und schließlich die Füße befestigt.

Karte
Falten Sie aus einem Kartonrechteck (24 cm x 19 cm) eine Doppelkarte (12 cm x 19 cm). Aus der Vorderseite schneiden Sie mit dem Cutter eine Öffnung (Radius 3,3 cm) heraus.
Die Vorderseite der Karte verzieren Sie mit dem Nilpferdkopf, mit der separaten Hand und einem 2 cm breiten roten Kartonstreifen.

Wie wäre es, wenn der fröhliche Melonen-Feinschmecker Ihren Tisch verziert? Ein weißer Kartonstreifen, z.B. 15 cm x 1,5 cm, wird nach 2 cm und nach weiteren 0,5 cm erneut umgeknickt. Der Streifen kann nun am Glasrand eingehängt und evtl. noch etwas gekürzt werden. Abschließend wird der Name aufgeschrieben und der Nilpferdkopf angebracht; zusätzlich kann ein angeknabbertes Melonenteil auch den Trinkhalm dekorieren!

Am Körper beider Mäuse werden Taucherbrille, Hose, Schwanz und Schwimmflossen befestigt.
Eine schwarze Linie trennt die Hinterbeine. Bei einer Maus wird eine Sauerstoffflasche angebracht, die andere erhält einen Schnorchel, bevor die Vorderbeine und die Ohren angeklebt werden.
Malen Sie mit einem Tuschefüller die Nasen und die Barthaare auf.
Auf die Wasserfläche werden der Sandboden, einige Steine und Wasserpflanzen geklebt, bevor die Mäuse eintauchen.
Schwarze Linien deuten die Wasserströmung an; malen Sie auch Luftblasen auf.

Viele Fensterbilder eignen sich auch wunderbar als gerahmte Bilder. Einen passenden Rahmen auswählen – und schon ist ein hübsches Geschenk fertig!

Die drei Luftkammern des aufblasbaren Planschbeckens werden durch schwarze Linien angedeutet; ebenfalls aufgemalt werden die Ventile.
Nun können Sie die Seehunde Rücken an Rücken ins Planschbecken setzen und ihre Vorderflossen und den gepunkteten Ball anbringen. Malen Sie die Gesichter auf.
Das Planschbecken wird auf die Bodenfläche geklebt. Abschließend werden Grasbüschel und bunte Bälle auf der Bodenfläche angeordnet.
Nach Lust und Laune wird noch geplustert.

Wenn Sie die verschieden großen Bälle durch blank geputzte Münzen ersetzen, haben Sie ein hübsches Geldgeschenk, das den nächsten Besuch in der Eisdiele finanziert!

Blaue Karte

Falten Sie ein hellblaues Kartonrechteck (26 cm x 10,5 cm) zu einer Doppelkarte (13 cm x 10,5 cm). Die Vorderseite wird mit einem Koffer und einem weißen, beschrifteten Kartonstreifen verziert. Die Innenseite der Karte bekleben Sie mit weißem Karton (12,5 cm x 10 cm).

Weiße Karte

Diese Doppelkarte wird aus weißem Karton (33 cm x 10,5 cm) gefaltet (16,5 cm x 10,5 cm). Der Kofferanhänger, aber auch Sonne, Sand, Muscheln und Seestern lassen leicht erraten, wohin die Reise ging… Innen ist die Faltkarte mit hellblauem Karton (15,5 cm x 9,5 cm) beklebt.

Wenn Sie Ihre Karte nicht selbst beschriften wollen, können Sie im Fachhandel auch nach Abreibebuchstaben fragen.

Hat das Nashorn-Schulkind sein Horn, kann das Gesicht aufgemalt werden. Schwarze Linien trennen die Hinterbeine.
Den Ranzen schneiden Sie als ein Teil aus und setzen ihn auf den Rücken des ABC-Schützen. Das Vorderbein wird vorerst nur mit einem Klebepunkt an der Schulter befestigt, damit die zweiteilige Schultüte noch untergeschoben werden kann.

Am ersten Schultag ist ein Namensschild von großem Nutzen:
Ein rotes Kartonrechteck (13 cm x 11 cm) wird mittig zu einer Faltkarte (13 cm x 5,5 cm) umgeklappt. Auf einen weißen Kartonstreifen (11 cm x 1,8 cm) schreiben Sie den Namen, bevor die verzierte Schultüte aufgeklebt wird.

Die Hauswand wird mit Fachwerk verziert.

Dann werden die Dachrinnen und Regenfallrohre montiert. Bringen Sie nun den Schornstein an.
Im Erdgeschoß werden die Kletterpflanzen in die Blumentöpfe gesetzt, bevor Fenster und Tür befestigt werden.
An der Rückseite des Hauses sind die beiden Tannen gewachsen; das Haus wird auf die Bodenfläche geklebt. Jetzt fehlen noch der Hund und das Wasserfaß.

Wenn der Familienname auf die Tür oder die Bodenfläche geschrieben wird, ist ein hübsches Türschild entstanden.

Herbstlied

Bunt sind schon die Wälder,
Gelb die Stoppelfelder,
Und der Herbst beginnt.
Rote Blätter fallen,
Graue Nebel wallen,
Kühler weht der Wind.

Wie die volle Traube
Aus dem Rebenlaube
Purpurfarbig strahlt!
Am Geländer reifen
Pfirsiche mit Streifen
Rot und weiß bemalt.

Sieh, wie hier die Dirne
Emsig Pflaum' und Birne
In ihr Körbchen legt!
Dort mit leichten Schritten
Jene goldne Quitten
In den Landhof trägt!

Flinke Träger springen,
Und die Mädchen singen,
Alles jubelt froh!
Bunte Bänder schweben
Zwischen hohen Reben
Auf dem Hut von Stroh.

Geige tönt und Flöte
Bei der Abendröte
Und im Mondenglanz.
Junge Winzerinnen
Winken und beginnen
Deutschen Ringeltanz.

Johannes Gaudenz von Salis-Seewis

Der Kopf des Igelchens wird von hinten am Stachelteil befestigt. Malen Sie das Gesicht auf.
Die Früchte werden entweder als ein Teil ausgeschnitten und die Stiele mit Filzstift angemalt, oder die Stiele werden separat gearbeitet und an die Früchte geklebt. Setzen Sie den Igel zwischen die bunten Früchte auf die Grasfläche.
Eine Zwetschge und eine Birne werden noch von hinten am Igelrücken befestigt.
Der Rand der Grasfläche kann abschließend mit einem grünen Pluster-Pen konturiert werden.

Eine hübsche Variante:
Stellen Sie eine ganze Igelfamilie zusammen, die durch eine tolle Obstlandschaft marschiert.
Eine nette Gestaltungsidee für Ihr herbstliches Küchenfenster!

Träum was Süsses!

Ist das Stiel-Blatt-Teil an der Birne befestigt, kann die Maus auf die süße Frucht gelegt werden, so daß das Blatt ihr Hinterteil verdeckt.
Ohren und Vorderbein werden angebracht, und das Gesicht wird aufgemalt.

Die Marienkäfer schneiden Sie als ein Teil aus rotem Karton aus. Das Kopf-Brust-Teil wird mit Filzstift schwarz angemalt. Nun werden die Flügel mit einer schwarzen Linie geteilt und die Punkte aufgemalt.

Erst wenn die Käfer auf die Birne geklebt sind, können Sie die Fühler und die Beine aufmalen!

Die Leiter wird als ein Teil mit dem Cutter ausgeschnitten.
Alternativ können Sie auch sechs 4,5 cm lange Sprossen auf die beiden Holme kleben. Den gleichmäßigen Abstand erhalten Sie, indem Sie die Leiter beim Zusammenkleben auf den Vorlagenbogen legen.
An den Bärenkörpern werden die Ohren angeklebt.
Mit Tuschefüller malen Sie die Gesichter und die Trennlinien zwischen den Hinterbeinen auf.
Nun kann die Leiter von den beiden fleißigen Apfelpflükkern geschultert werden. Erst dann werden die linken Vorderbeine und die separat ausgeschnittene Tatze des großen Bären angeklebt.
Und jetzt nichts wie ab über die Wiese zum nächsten Apfelbaum!

Auch aus diesem Fensterbild läßt sich blitzschnell ein lustiges Geldgeschenk arbeiten – einfach anstelle der Äpfel Geldstücke fixieren!

Kleben Sie auf das obere Pilzstielteil zuerst den roten Hut.
Nun erhält die Maus ihr Ohr samt Innenohr und ihr aufgemaltes Gesicht.
Das zuvor zusammengeklebte obere Pilzteil wird wie ein Hut auf den Mäusekopf gesetzt und fixiert. Anschließend wird das Vorderbein, das den „Pilzhut" hält, angebracht.
Das weiße Unterteil des Pilzteils verdeckt den grauen Mäuserumpf. Kleben Sie den Pilz auf die Grünfläche, und vergessen Sie nicht, auch noch den Schwanz zu befestigen.

Pluster-Pen eignet sich wunderbar für Zusatzeffekte, wie zum Beispiel hier für die weißen Tupfen auf dem roten Pilzhut.

Am Eichhörnchenkopf wird jeweils das weiße Innenohr angeklebt.
Mit einem Tuschefüller oder einem feinen schwarzen Filzstift malen Sie anschließend die Gesichter auf; feine schwarze Linien grenzen die Gliedmaßen gegeneinander ab.
Der Pilz besteht aus drei Teilen. Die Lamellen an der weißen Unterseite des Pilzhutes werden ebenfalls aufgemalt.
Nun können die Eichhörnchen sich am Pilzstiel festhalten und werden gemeinsam auf die Wiese geklebt.

Wenn Sie die gezeigten Tonkarton-Farben nicht zur Hand haben, dann lassen Sie doch einfach Ihre Phantasie spielen – im Tonkarton-Land gibt es auch blaue Pilze, lilafarbene Eichhörnchen, ...!

So ein ... Wetter!

Mäusemama und Mäusekind werden nach demselben Schema zusammengeklebt:
Am Rumpf (durchgezogene Linie) werden von hinten der Kopf, der Schwanz und der Fuß befestigt. Von vorne kleben Sie das Ohr samt Innenohr und den Ärmel samt Pfote sowie den Schal der Mama an. Malen Sie die Gesichter auf. Nun können die Mäuse unter dem zweiteiligen Schirm Schutz vor dem scheußlichen Herbstwetter suchen.

Wenn draußen die Regentropfen an die Scheibe klopfen, dann greifen Sie doch zu Schere und Papier – so hat Langeweile keine Chance!

An der Schubkarre werden das zweiteilige Rad und der schwarze Holm angebracht.
Nun kleben Sie die Mütze, das Ohr und den Stoßzahn am Elefantenkopf an. Gesicht, Fußnägel und Schwanz werden mit einem Tuschefüller oder einem feinen Filzstift aufgemalt.
Bevor das Vorderbein endgültig fixiert wird, schieben Sie den Griff der Schubkarre darunter. Abschließend wird noch buntes Laub verteilt.

Aus Stabilitätsgründen sollten Sie bei diesem Fensterbild darauf achten, daß der zweiteilige Besen sowohl am Elefantenrüssel als auch an dem blauen Wagen befestigt ist.

Ich geh mit meiner Laterne

Bär

Ist der Bär ausgeschnitten, malen Sie mit Tuschefüller das Gesicht und die Trennlinien zwischen den Ohren bzw. den Hinterbeinen auf. Nun können der Schal und die Vorderbeine angebracht werden. Für die Laterne zeichnen Sie mit dem Zirkel einen Kreis mit dem Radius 2,6 cm, der mit der Zackenschere ausgeschnitten wird. Anfang und Ende des gezackten Randes gleichen Sie mit dem Cutter an. Mit Lineal und Tuschefüller werden die Einschnitte am Laternenrand und der Mittelpunkt verbunden.
Der „Drahtbügel", an dem die Laterne hängt, ist ein schmaler Kartonstreifen, der in der Mitte leicht schräg abgeknickt wird. Geben Sie dem Bären den Laternenstab in seine Tatze.
Zur Stabilisierung werden Bär und Laterne auf die Bodenfläche geklebt.

Drache

Der Drache erhält Haarschopf, Mütze, Schal und Hinterbeine. Nun können Sie das Gesicht aufmalen. Der Kürbisgeist besteht aus dem orangefarbenen Vorderteil mit eingeschnittenem Gesicht und dem gelben Rükkenteil.
Beide Teile werden aufeinandergeklebt, und die Kerze wird in die Öffnungen gemalt. Die Aufhängung besteht aus einem schmalen, in der Mitte schräg

abgeknickten Kartonstreifen. Befestigen Sie nun Laternenstock und Vorderbein am Drachenrumpf, dann kann der Laternenlauf beginnen.

Große Karte

Stellen Sie aus einem blauen Kartonrechteck (37 cm x 12 cm) eine Faltkarte (18,5 cm x 12 cm) her. Mit dem Cutter wird eine runde Öffnung (Radius 1,2 cm) aus der Vorderseite herausgeschnitten. Durch diese Öffnung stecken Sie von hinten einen Bärenarm und drücken ihm den Laternenstock samt Laterne in die Tatze. Zusätzlich werden noch Sterne und ein beschrifteter Kartonstreifen (8,5 cm x 3 cm) aufgeklebt.

Kleine Karte

Ein blauer Karton (23 cm x 9 cm) wird zu einer Doppelkarte (11,5 cm x 9 cm) gefaltet und aus der Vorderseite ein Rechteck (6 cm x 5 cm) herausgeschnitten. Nun können der Kürbisgeist und drei Sterne aufgeklebt werden.

Aus den Laternenmotiven dieser Fensterbilder lassen sich hübsche Einladungskarten für den nächsten Laternenlauf Ihrer Kinder basteln!

Die schwarzen Pupillen der Eulenaugen werden entweder mit einer Kreisschablone aufgemalt oder separat ausgeschnitten und aufgeklebt. Zwischen den Augen wird der Schnabel befestigt.
Ist das Beinpaar am Rumpf angebracht, kann der Drachen mit seinem aufgemalten Gesicht am Eulenrumpf angeklebt werden, wo er gleich von den Eulenflügeln umarmt wird.
Nun stellen Sie die Eule auf die Grünfläche. Zeichnen Sie mit Bleistift den Verlauf des Drachenschwanzes auf; darauf werden dann die roten und weißen Schleifen angeordnet.
Die Konturen von Eule und Drachen sowie die Drachenschnur werden abschließend mit Pluster-Pen nachgezogen und sofort geföhnt.

Aus den netten Drachen läßt sich auch separat ein herbstlicher Fensterschmuck arbeiten, vielleicht sogar ein Mobile:
Den bunten Drachen werden Gesichter aufgemalt und die Ränder mit Plusterfarbe nachgezogen. Anschließend werden die Löcher für die Aufhängung und den Schwanz eingestochen. Verwenden Sie am besten bunte, dicke Fäden.
Am Schwanz wird jede Schleife doppelt angeknotet.

Herbstlandschaft

Auf Seite 24 finden Sie eine genaue Anleitung, wie Sie den Rahmen arbeiten können.
Die anderen Teile (bis auf die Schleifen des Drachenschwanzes) werden mit Hilfe von zuvor angefertigten Schablonen ausgeschnitten.
Die Drachenschwanzschleifen sind zu klein für Schablonen; sie werden freihändig auf Karton gezeichnet und ausgeschnitten. Befestigen Sie den Wolkenhimmel von hinten am Rahmen. Nun kann der Drachen angebracht werden. Beim Aufkleben der Schwanzschleifen verwenden Sie am besten eine Pinzette.
Das Kind wird zusammengeklebt und gemeinsam mit den drei Zaunteilen am Rahmen fixiert.
Bei solch filigranen Tonkarton-Arbeiten empfiehlt es sich, mit einem Grafikermesser zu arbeiten; es hat eine noch schmalere Klinge als ein Cutter und ist im Fachhandel erhältlich.

Zuerst wird der Rahmen ausgeschnitten (vgl. Seite 24). Die anderen Teile werden mit Hilfe von zuvor angefertigten Schablonen hergestellt.
Auf das weiße Steinpilzteil (gestrichelte Linie) kleben Sie die etwas dunklere Hutunterseite (durchgezogene Linie) und darauf die dunkelbraune Hutoberseite. Beim kleinen Pilz wird einfach der Hut auf dem Stiel fixiert.
Das Eichhörnchen wird als ein Teil ausgeschnitten, während bei der Maus noch die Ohren samt Innenohren angebracht werden. Mit einem Tuschefüller oder einem feinen Filzstift malen Sie das Gesicht auf.
Am Rahmen wird die Grünfläche mit den Pilzen fixiert.
Und jetzt nichts wie ran an die Köstlichkeit!

Wenn Ihnen dieses Fensterbild ohne Rahmen besser gefällt, dann sollten Sie aus Stabilitätsgründen nur darauf achten, daß der Schwanz des Eichhörnchens auch am Pilzhut fixiert wird.

Sollten wir nicht auch gen Süden reisen?

Am Rabenkörper werden beidseitig die Schnäbel und die Augen aufgeklebt. Schwarze Linien trennen die Schnabelhälften. Beim geöffneten Schnabel malen Sie die Innenfläche mit einem Filzstift rot an.
Zusätzlich werden noch die schwarzen Pupillen und die Nasenlöcher aufgemalt, und fertig sind die Herbstboten!

Aus diesen sehr einfachen Raben, die selbst ein kleineres Kind problemlos nachbasteln kann, läßt sich auch ein hübsches Mobile herstellen.

Bedecken Sie die Giebelwand des Hauses mit einer braunen Bretterverschalung, bevor Sie die Dachbalken aufkleben. Von hinten wird noch der Schornstein angebracht. Setzen Sie das Haus auf die Bodenfläche.
Anschließend wird das Regenfallrohr samt Dachrinne sowie der Gartenzaun befestigt.
Ist der Pflanzenkübel mit der Kletterpflanze an der Hauswand aufgestellt, können die zweiteilige Tür und die Fenster mit den blauen Glasscheiben angebracht werden. Nun werden die Tannen gepflanzt und die Katzen vors fertige Haus bzw. auf den Zaun gesetzt.

Wenn Ihnen dieses Fensterbild gut gelungen ist – vielleicht wagen Sie sich dann einmal an Ihr eigenes Haus? Eine Fotografie Ihres Zuhauses ist beim Entwurf sehr hilfreich!

Markt und Straßen stehn verlassen,
still erleuchtet jedes Haus,
sinnend geh ich durch die Gassen,
alles sieht so festlich aus.

An den Fenstern haben Frauen
buntes Spielzeug fromm geschmückt,
tausend Kindlein stehn und schauen,
sind so wunderstill beglückt.

Und ich wandre aus den Mauern
bis hinaus ins freie Feld,
hehres Glänzen, heilges Schauern!
Wie so weit und still die Welt!

Sterne hoch die Kreise schlingen,
aus des Schnees Einsamkeit
steigt's wie wunderbares Singen -
o du gnadenreiche Zeit!

Joseph Freiherr von Eichendorff

Das erste Adventslicht

Blättern Sie zurück auf Seite 24; dort finden Sie eine genaue Anleitung, wie der Rahmen hergestellt wird.
Von den Tannenzweigen und der Flamme werden Schablonen angefertigt, deren Umrisse auf Tonkarton übertragen werden.
Der Kerzenschein ist eine Kartonscheibe mit dem Radius 3,2 cm. Kleben Sie Tannenzweige, Kerzenschein und Flamme auf den Rahmen bzw. die Kerze.

Mit ein bißchen Phantasie können Sie hier auch an die anderen Adventssonntage erinnern: Ein bißchen verkleinert, lassen sich auch mehrere Kerzen anbringen.

Früchte, Zweige und Gebäck werden am oberen Stiefelrand angeordnet und fixiert. Anschließend kleben Sie die Sohle auf.
Malen Sie mit einem Tuschefüller das Gesicht auf den Katzenkopf – eventuell zeichnen Sie es leicht mit Bleistift vor.
Der Kopf wird am Rumpf befestigt. Jetzt kann sich die Katze hinter den Stiefel legen und ihren Schwanz um den Stiefel schlingen.

Wenn der Nikolausstiefel zu einem kleinen Geldgeschenk umfunktioniert werden soll, müssen Sie darauf achten, daß der restliche Stiefelinhalt dafür noch Platz läßt!

Am roten Mantel des rasanten Weihnachtsmannes wird zuerst der zweiteilige Schal und dann der Ärmel samt Hand und Mantelsaum befestigt.
Nun können Sie das Kopfteil (punktierte Linie) in den V-förmigen Ausschnitt der Kapuze legen und das weiße Haar-Bart-Teil aufkleben.
Stiefel, Mantelsaum, Tasche und Skibrille werden ergänzt. So gerüstet, können die Skier angeklebt werden.
Auf einem Ski hat eine Krähe Platz genommen.
Ihr Auge wird mit der Lochzange aus gelbem Karton ausgestanzt und eine schwarze Pupille aufgemalt.

Erkundigen Sie sich im Fachhandel doch einmal nach anderen Papier-Qualitäten: Glanzkarton oder Alu-Bastelkarton machen sich vor allem für weihnachtliche und festliche Fensterbilder gut!

Setzen Sie diesem ungewöhnlichen Snowboard-Fahrer die dreiteilige Mütze und die Skibrille auf. Anschließend wird der lange Schal am Hals befestigt.
Nun können Sie das Gesicht und die Trennlinien zwischen den Beinen aufmalen.
Das Kamel darf sich dann auf das dreiteilige Snowboard kauern. Sind noch die beiden Bindungen angebracht, kann es den Abhang hinunterpreschen.

Weißer Pluster-Pen erlaubt herrliche Schnee-Effekte!
Wenn Sie die Farbe sofort nach dem Auftragen fönen, kommt die Pluster-Struktur besonders gut zur Geltung!

Die Skisaison ist für dieses Jahr beendet!

Beginnen Sie mit dem Ankleben von Gipsbein, Schwanz und hellem Innenohr. Das Gesicht kann aufgemalt werden.
Unter das linke Vorderbein schieben Sie eine Krücke, während das rechte Vorderbein in Gips gelegt wird oder den zerbrochenen Ski hält.

Wenn auch Sie beim Skifahren Pech hatten – warum nicht die Sache mit Humor nehmen und eine Benachrichtigungskarte an Freunde und Verwandte schicken!?
Auf der Karte (25 cm x 14 cm), die aus einem blauen Kartonstück (25 cm x 28 cm) gefaltet wird, haben natürlich auch herzliche Genesungswünsche Platz!

Fuchs im Winterwald

Eine genaue Arbeitsanleitung für den Rahmen finden Sie auf Seite 24.

Nun wird der Fuchs zusammengeklebt. Er bekommt eine zweiteilige weiße Unterseite und sein Ohr eine helle Innenfläche.

Malen Sie das Fuchsgesicht auf, bevor Sie ihn vor die Tannen auf den Rahmen kleben.

Abschließend werden die Tannen noch mit weißem Pluster-Pen konturiert, und die beiden Eulen setzen sich von hinten auf die Zweige.

Schlafender Fuchs

Der Fuchs erhält zuerst das Vorderbein, auf dem seine Schnauze ruht; dann wird der buschige Schwanz angebracht. Malen Sie das Fuchsgesicht mit einem Tuschefüller auf.

In die Schneehöhle kleben Sie die dunkelbraune Bodenfläche, auf die Sie anschließend den schlafenden Fuchs legen.

Ziehen Sie mit weißem Pluster-Pen die Konturen der Schneehöhle nach.

Ganz nach Geschmack können Sie hier auch andere Tiere in die Schneehöhle setzen – Phantasie ist gefragt!

Zwei weisse Gestalten

Ist der Schal des netten Schneemanns angezogen, kann die Nase angebracht und das Gesicht sowie die Knöpfe aufgemalt werden. Es folgen der Strohschopf und der zweiteilige Zylinder.

Den Schneemann plazieren Sie nun auf der Schneefläche. Davor bringen Sie den schneebedeckten Zaun samt Katze an. Und vergessen Sie den Regen- bzw. Sonnenschirm nicht!

Bei vielen Bastelarbeiten können auch kleinere Kinder mithelfen:

Wenn Sie zum Beispiel die beiden weißen Gesellen auf einen größeren Tonkarton-Hintergrund kleben, darf ein kleiner Bastler aus weißem Papier Schneeflocken reißen, die den Hintergrund verzieren!

Kleben Sie auf den hellblauen Rahmen das weiße Hügel-Tannen-Teil. Die zweite Tanne befestigen Sie am rechten Bildrand. Am Hügel wird der dunkelbraune Höhleneingang fixiert.
Der Dachs bekommt einen schwarzen Streifen am Kopf und weiße Ohren. Das Auge stanzen Sie am besten mit der Lochzange aus und malen in die Mitte einen schwarzen Punkt. Kleben Sie den Dachs in die Höhlenöffnung. Zu beiden Seiten des Kopfes sind noch die beiden Vordertatzen erkennbar.
Jetzt kann die Bescherung beginnen: Zuerst werden die brennenden Kerzen mit den aufgemalten Flammen aufgestellt, und dann können die Leckereien ausgebreitet werden.

Ob hier vielleicht nicht sogar 24 Kerzen Platz hätten? Dann wär's direkt ein kleiner Adventskalender!

Weihnachtsbaum am Fenster

Der Rahmen wird, wie auf Seite 24 beschrieben, gearbeitet.
Die brennenden Kerzen bestehen aus drei Teilen. Auf die weiße Kerze (gestrichelte Linie) kleben Sie jeweils zuerst den weißen Kerzenschein (durchgezogene Linie) und darauf den etwas kleineren roten Kreis mit dem Flammenausschnitt (punktierte Linie).
Für das Zeichnen des Kerzenscheins benutzen Sie am besten eine Kreisschablone aus dem Fachhandel. Nun kann das Fensterbild mit weißem Karton hinterklebt werden.
Von den Sternen je eine Schablone herstellen; die Konturen können in beliebiger Anzahl auf weißen bzw. roten Karton übertragen werden.

Anhänger
Von Fenster und Tanne werden Schablonen angefertigt. Die Umrisse übertragen Sie auf weißen bzw. roten Karton. Die doch recht feinen Schneidearbeiten werden hier überwiegend mit dem Cutter ausgeführt.

Wählen Sie für dieses Motiv ruhig auch einmal andere Farben: Grün, Lila oder Blau machen sich hier auch sehr gut!

Weihnachtsfenster

Auch hier ist die genaue Arbeitsanleitung von S. 24 gefragt. Die anderen Teile werden mit Hilfe von zuvor angefertigten Schablonen ausgeschnitten.
Das Gesichtsteil (punktierte Linie) des Weihnachtsmannes wird in den V-förmigen Ausschnitt der Kapuze gelegt und das weiße Haar-Bart-Teil aufgeklebt. Anschließend wird der Ärmel samt Hand angebracht. Am Fenster werden von hinten der Weihnachtsmann und der dekorierte Baum, von vorne wird die Girlande befestigt.

Natürlich können Sie bei diesem Fensterbild auch auf das weiße Fenster verzichten und sich nur am Weihnachtsmann und dem geschmückten Baum erfreuen!

Kleben Sie auf das beige Mauerwerk (Strich-Punkt-Linie) das Fachwerk, bevor das rote Dach (gestrichelte Linie) angebracht wird.

Als nächstes werden die Dachrinne und das Regenfallrohr montiert.

Nun können das Schneedach und der Schornstein befestigt werden. Aus den grünen Fenstern schneiden Sie mit dem Cutter jeweils vier Scheiben heraus und hinterkleben beide Fenster mit einer hellblauen Scheibe, die ringsum etwa 2 mm kleiner als das ganze Fenster ist. Sie können alternativ aber auch auf das Fenster vier hellblaue Fensterscheiben aufkleben.

Fenster und Fensterläden werden angebracht.

Jetzt erhält das Haus eine Eingangstür und darüber ein kleines Vordach, auf dem eine große Schneelast liegt. Neben der Tür finden noch das Türschild und ein kleines Fenster Platz.

Stellen Sie nun das Haus in die Schneefläche. Die Katze und die Schneeschaufel werden angebracht, und weiße Plusterfarbe gibt dem Fensterbild den letzten Pfiff.

Für die Hauswand bietet sich hier geprägter Tonkarton an, der ein bißchen wie eine verputzte Außenseite aussieht!

Guten Rutsch ins neue Jahr

Der rosafarbene Kopf des kleinen Glücksbringers wird von hinten am schwarzen Anzug befestigt.
Von vorne werden nun das Halstuch, der Haarschopf, der Bart und der dreiteilige Hut befestigt. Malen Sie noch das Auge auf. Jetzt kann der Schornsteinfeger auf dem Schlitten Platz nehmen. Unter dem linken Arm, der dann mitsamt der Hand fixiert wird, hält er die Leiter, unter dem anderen Arm das Glücksschwein.

Die Leiter kann entweder als ein Teil mit dem Cutter ausgeschnitten oder aus zwei Holmen und fünf Sprossen zusammengeklebt werden.
Zum Schluß wird noch geplustert. Und dann kann ein neues Tonkarten-Jahr beginnen!

Wenn Sie dieses Neujahrs-Motiv zweimal arbeiten und dazwischen einen kleinen Draht anbringen, können Sie es auch in einen Blumentopf – zum Beispiel mit Klee – stecken und Ihre guten Wünsche fürs neue Jahr auf diese Weise überbringen!